AF253651

Б 48
б 458

SUR

LA RESPONSABILITÉ

DES MINISTRES,

Par M. CÉSAR-GUILLAUME DE LA LUZERNE,

ANCIEN ÉVÊQUE DE LANGRES.

A PARIS,

CHEZ POTEY, LIBRAIRE,

Rue du Bac, n°. 46, près celle Saint-Dominique.

1816.

SUR

LA RESPONSABILITÉ

DES MINISTRES.

L'ancienne Chambre des Députés avoit formé une résolution, et rédigé tout un projet de loi sur la responsabilité des Ministres. La séparation des Chambres qui eut lieu peu de temps après, empêcha que cette résolution, qui avoit été communiquée à la Chambre des Pairs, n'y fût discutée. Comme cette grande et délicate question peut et doit même dans quelque temps être présentée à l'examen des deux Chambres; comme déjà même, et avant cet examen, plusieurs personnes la préjugent et prétendent assujettir les Ministres aux idées de responsabilité qu'elles se forment; comme enfin j'ai entendu citer ce projet de loi comme un modèle auquel il seroit bon de se conformer, je crois devoir exposer les principes qui me paroissent certains sur cette matière, et qui sont absolument contraires à ceux qui ont dicté la résolution. Au reste, en la combattant, je suis bien éloigné d'attribuer des vues répréhensibles à beaucoup de personnages respectables qui l'ont adoptée ; c'est le zèle du bien public, c'est la crainte trop bien fondée des graves abus que les Ministres peuvent faire de leur pouvoir qui les a animés. Mais plus le zèle est louable et pur dans son objet, plus on s'y livre, d'abord avec confiance, ensuite avec ardeur, enfin avec exagération, et il outrepasse les bornes audelà desquelles il cesse d'être utile, et devient même nuisible.

Je me bornerai à discuter deux points de cette résolution. L'article premier et le troisième alinea de l'article IV.

L'article premier est ainsi conçu : *Les Ministres sont responsables de tous les actes du Gouvernement, chacun dans le département qui le concerne.* Il est évident que le sens dans lequel cet article est rédigé, est que les Ministres sont responsables aux deux Chambres du Corps législatif, et qu'ils le sont de tous les actes de leur administration. Je vais tâcher d'établir qu'une telle responsabilité est inconstitutionnelle dans son principe, et très-dangereuse dans ses effets.

Pour juger si la responsabilité des Ministres aux Chambres législatives est ou n'est pas conforme à la Charte constitutionnelle, il est bon de remonter au principe de la responsabilité et au principe de la Charte.

Il est de droit naturel que tout pouvoir subordonné doive compte de l'usage de l'autorité qui lui a été confiée à la puissance supérieure de qui il la tient. Les Ministres sont responsables au Roi, le Roi l'est à Dieu. Mais est-ce au Roi seul, est-ce non-seulement au Roi, mais aussi aux deux Chambres associées au pouvoir législatif, que les Ministres sont responsables de leur gestion? Tel est l'état de la question. Pour la résoudre, il faut examiner à quel titre ils sont responsables, et sur quoi ils le sont, c'est-à-dire le principe de la Charte, et la teneur de la Charte.

Le Roi est rentré dans son royaume en 1814, investi de toute la plénitude de puissance qu'avoient possédée ses prédécesseurs. Il étoit le maître absolu de gouverner la nation selon l'antique constitution de sa monarchie, ou de lui donner une constitution nouvelle. En accordant librement à son peuple une nouvelle constitution, il avoit la pleine autorité de la donner telle que, dans sa sagesse, il jugeoit être le plus convenable. En établissant deux corps nouveaux qui fissent partie de cette constitution, il avoit le droit plein et entier de déterminer le genre et la mesure de pouvoir qu'il daignoit accorder, soit à l'un, soit à l'autre. En consentant à sacrifier une partie de sa souveraine prérogative, il étoit l'arbitre suprême de l'étendue de son sacrifice. Il a donc

été entièrement et absolument maître de soumettre les Ministres , agens de son autorité , à une
responsabilité plus ou moins étendue, soit sur
les objets , soit envers les personnes ; de les as-
treindre à rendre compte de leur gestion, sur
plus ou moins d'actes , à le rendre à telle ou à
telle autorité.

J'insiste sur cette essentielle vérité, parce qu'elle
a été méconnue et contestée. On a voulu faire de
la responsabilité des Ministres aux deux Chambres législatives un droit inhérent essentiellement
à la Nation, un droit indépendant de la Charte
constitutionnelle, un droit antérieur à la Charte. On
a dit entr'autres choses, que les Ministres sont
responsables au Roi , qu'ils le sont à la Nation ,
que la Nation ne peut être dessaisie du droit de
contraindre les Ministres à remettre le timon de
l'Etat dans des mains plus sûres ; que quand même
la Charte constitutionnelle ne feroit pas un devoir
de présenter une Loi sur la responsabilité des
Ministres, la nature de la chose en imposeroit
l'idispensable obligation ; qu'attendu l'inviolabilité du Roi, il faut que la Nation puisse trouver
quelqu'un qui réponde de ses actions , lorsqu'il
agit comme chef du gouvernement. On a prétendu
faire de cette responsabilité le contrepoids de
l'autorité du Roi. Qui pourroit empêcher, a-
t-on dit, le dépositaire d'un si immense pouvoir
d'en abuser, si la responsabilité de ceux qui sont
en même-temps ses Conseils et ses Ministres , ne

venoit pas mettre un frein à sa puissance ? Delà
vient la nécessité de la loi proposée, de là dé-
rive encore sa haute importance (1).

Je crois ces prétentions très-fausses en elles-
mêmes et extrêmement dangereuses, elles ont été
inconnues à tous les siècles de cette monarchie,
qui ont précédé les malheureux jours de notre
révolution. Les Ministres responsables de leur gestion uniquement au Roi, jusqu'à la publication
de la Charte, ne sont devenus responsables aux
Chambres que dans la mesure, et selon la forme
qu'exprime la Charte. Les Chambres elles-mêmes
ne tirent leur être et leurs attributions que de la
Charte donnée par le Roi, elles ne sont que ce
que le Roi les a faites. Elles n'ont que ce que le
Roi leur a donné. Tous les Membres de l'une et
de l'autre Chambre font profession de la soumis-
sion entière qu'ils ont jurée à la Charte constitutionnelle. Ils doivent donc s'y attacher fermement;
ne pas chercher d'autre origine de leurs pouvoirs
que la Charte; ne pas les étendre au-delà des limites dans lesquelles la Charte les circonscrit. Il
seroit aussi coupable, et plus dangereux, d'usur-

____

(1) Voyez les opinions prononcées dans la Chambre
des Députés et imprimées :

De M. Fleury, pag. 1 et 2.

De M. de Lhorme, pag. 10.

De M. Sedillez, pag. 8.

Et d'autres.

per des fonctions qui ne leur sont pas attribuées par la Charte, que de négliger celles que la Charte leur confie, et ces fonctions ne sont-elles pas assez glorieuses pour qu'ils en soient satisfaits ? Tel est donc le principe qu'ils doivent avoir sous les yeux dans toutes leurs délibérations pour les animer, toujours les diriger, quelquefois les modérer ; la Charte, toute la Charte, rien que la Charte.

Examinons donc quelles sont les dispositions de la Charte, relativement à la responsabilité des Ministres.

L'article XIII porte. *La personne du Roi est inviolable et sacrée. Ses Ministres sont responsables. Au Roi seul appartient la puissance exécutive.*

Les articles LV et LVI sont ainsi conçus.

LV. *La Chambre des Députés a le droit d'accuser les Ministres, et de les traduire devant la Chambre des Pairs, qui seule a droit de les juger.*

LVI. *Ils ne peuvent être accusés que pour fait de trahison ou de concussion. Des lois particulières spécifieront cette nature de délits, et en détermineront la poursuite.*

L'article XIII énonce en général une responsabilité des Ministres, mais il ne définit, ni à qui, ni sur quoi ils sont responsables. L'expression, *les Ministres sont responsables*, n'établit ni les objets dont ils doivent rendre compte, ni l'autorité à laquelle ils le doivent. Ainsi, on ne peut pas en conclure que c'est envers les Chambres législatives, et sur tous leurs actes ministériels que la responsabilité leur est imposée; mais les paroles qui, dans l'article, suivent immédiatement, repoussent l'idée qu'ils soient responsables aux Chambres de leur administration. *Au Roi seul appartient la puissance exécutive.* La conséquence immédiate, naturelle, nécessaire de ce principe fondamental, est *qu'au Roi seul* il appartient de connoître et de juger la manière dont la puissance exécutive, ou administrative (car c'est la même chose), est exercée. Vouloir séparer l'exercice de la puissance de la puissance même, est une illusion, car la puissance n'est autre chose que la faculté de l'exercer, comme elle veut. Il implique contradiction de dire qu'au Roi seul appartient l'administration, et qu'à d'autres sont soumis les actes de l'administration; que son autorité est unique, et que cependant une autre autorité a droit de reconnoître, de juger, d'en punir la gestion. Les Ministres sont les agens employés par la puissance exécutive. C'est donc, par la nature de la chose, à elle qu'ils sont comptables. Soumettre leurs actes ministériels aux deux Chambres, seroit faire entrer les Chambres en part du pouvoir exécutif; ce qui est une infraction manifeste de l'article XIII de la Charte.

Et ne pourroit-on pas même dire, qu'il y a de l'inconvénient de soumettre les Ministres en même temps au Roi et aux Chambres; c'est-à-dire, à deux autorités différentes qui pourroient n'être pas d'accord entre elles?

Les articles LV et LVI soumettent les Ministres à la responsabilité envers les Chambres , dans les cas de trahison et de concussion.

Mais d'abord de ce que c'est seulement pour deux genres de délits que la Charte soumet les Ministres à l'accusation et au jugement des Chambres, n'est-il pas naturel de conclure qu'ils n'y sont pas assujettis pour tous les actes de leur administration? Il seroit inutile de spécifier deux cas particuliers de responsabilité, si elle étoit étendue à tous les cas.

Ensuite l'article LVI restreint dans les termes les plus formels le droit d'accuser les Ministres, aux deux seuls crimes de trahison et de concussion. Après avoir, par l'article LV, conféré à la Chambre des Députés le droit d'accuser les Ministres, la loi, dans l'article immédiatement suivant, et évidemment relatif au précédent, porte : *Ils* (les Ministres) *ne peuvent être accusés que pour fait de trahison ou de concussion.* Toute autre accusation est, par ce texte, impérativement interdite aux députés. Il eût été difficile d'employer une expression plus formellement restrictive. Quand, dans la Chambre des Députés , on a voulu étendre la responsabilité des Ministres à tous les actes de leur administration, les opinions ont été divisées sur le mode de cette responsabilité. Quelques orateurs ont voulu que pour ces actes les Ministres fussent accusés devant la Chambre des Pairs, comme pour les cas de trahison et de concussion; d'autres ont opiné pour l'accusation devant la Cour de cassation, ou une Cour royale; d'autres enfin ont proposé que les Ministres fussent dénoncés au Roi, pour qu'il les destituât. Mais toutes ces formes sont des accusations, et la Chambre des Députés ne peut former contre les Ministres que des accusations, puisqu'elle n'est pas juge. Or, de-là résulte un raisonnement simple et démonstratif contre l'article Ier de la résolution.

Les Chambres ne peuvent soumettre à leur responsabilité les Ministres que par voie d'accusation. Or, elles ne peuvent intenter d'accusation contre les Ministres, que pour le fait de trahison ou de concussion. Donc elles ne peuvent soumettre à leur responsabilité les Ministres que sur ces deux genres de délit; donc les Ministres ne sont pas responsables aux Chambres sur tous les actes de leur administration.

Contre ces vérités, j'ai entendu objecter la généralité du texte de la Charte. Cette proposition, *les Ministres sont responsables*, est, dit-on, universelle et absolue, elle n'admet point d'exception, elle l'exclut même formellement. *Ubi lex non distinguit, nec nos distinguere debemus.*

Ce raisonnement pêche par le principe. Il n'est pas vrai que la proposition dont il s'agit soit universelle. Pour le sentir, remontons aux principes de la logique. Outre la proposition universelle, qui comprend absolument tous les objets qu'elle énonce, et la proposition particulière qui s'applique à un seul objet, il y a un troisième genre de proposition intermédiaire entre les deux autres; c'est la proposition indéfinie, laquelle relative à plusieurs objets, ne spécifie, ni quels ils sont, ni quel est leur nombre. Or, 1°. je soutiens que cette proposition de l'article XIII, *les Ministres sont responsables*, est, non pas universelle, mais indéfinie; je répète que cette proposition est dans la suite de la Charte, définie de manière à exclure la responsabilité des Ministres sur tous les actes de leur administration.

En premier lieu, une propriété de la proposition indéfinie est qu'elle reste véritable, soit qu'elle s'étende à la totalité des objets qu'elle énonce, soit qu'elle s'applique seulement à une partie de ces objets. C'est à ce caractère qu'on la distingue de la proposition universelle, laquelle n'a sa vérité que lorsqu'elle comprend absolument l'universalité de ses objets. Or , il est évident, et je crois que personne ne me contestera ce point, que la proposition, *les Ministres sont responsables*, conserve sa vérité dans les deux cas , c'est-à-dire, dans celui où on dit, comme porte la résolution, que les Ministres sont responsables pour tous leurs actes ministériels, et dans celui où on les reconnoît responsables, seulement sur le fait de trahison ou de concussion. Dans l'une comme dans l'autre hypothèse, ils sont responsables. La proposition qui prononce leur responsabilité est donc indéfinie, et non universelle. En un mot, de la disposition qui ne définit ni à qui ni sur quoi les Ministres sont responsables , conclure qu'ils sont responsables aux deux Chambres sur toute leur administration , c'est admettre une conséquence qui n'est pas dans le principe.

En second lieu la déclaration indéfinie de la responsabilité des Ministres est, comme je l'ai déjà montré, définie et déterminée par la suite de la Charte. Je demanderai toujours comment l'article XIII peut soumettre les Ministres à la responsabilité sur l'exercice du pouvoir exécutif, que ce même article déclare appartenir *au Roi seul?* Je demanderai comment toute accusation contre eux étant interdite, excepté sur deux chefs, par l'article LVI, on peut prétendre le droit de les accuser sur d'autres chefs?

Inconstitutionnel dans son principe, l'article I, de la résolution est de plus souverainement dangereux dans ses effets. Cette vérité doit paroître, dès le premier aperçu, évidente à tous ceux qui considéreront l'universalité des termes dans lesquels la résolution est conçue. L'universalité des objets auxquels pourront s'appliquer les accusations des Ministres, l'universalité des circonstances qui pourront occasionner ces accusations, l'universalité des passions qui les produiront, les accréditeront, les exalteront. Mais, pour établir sur ce point important quelque chose de plus précis, je trouve le danger de ce premier article de la résolution, prouvé par les débats mêmes auxquels il a donné lieu dans la Chambre des Députés; par les diverses opinions des Membres, par les rapports des commissions tenues à ce sujet.

On soumet à la responsabilité les Ministres, lorsqu'il y a *prévarication ou abus de pouvoir. Ils sont prévaricateurs toutes les fois qu'ils abusent de leur autorité, soit contre des particuliers, soit au détriment de la chose publique* (1), *lorsqu'ils font des actes qui ne sont point conformes à l'intérét de l'Etat* (2); *lorsqu'on remarque que l'esprit qui les anime est contraire aux libertés de la nation* (3); *si lorsque la guerre se déclare, ils se montrent peu habiles dans la manière de la soutenir* (4); *si on les juge foibles et incapables* (5); *s'ils apportent de la négligence dans l'exercice de leurs fonctions* (6). *Ce seroit* (dit u nOrateur d'un mérite distingué) *restreindre cette respon-*

---

(1) Opinion de M. Chollet du 11 octobre, pag. 4 et 37.
(2) Projet de résolution, par M. Faget de Baure, art. II.
(3) Opinion de M. de Lhorme, du 8 octobre, pag. 3.
(4) Opinion de M. de Lhorme, pag. 3.
(5) Opinion de M. de Lhorme, pag. 9.
(6) Rapport de la Commission centrale, art. VI.
   Opinion de M. Farez, pag. 35.
   Opinion de M. Sedillez, pag. 16 et suiv.

sabilité des Ministres dans des limites trop
étroites, que de se borner à des actes de trahison et de concussion. On peut se livrer à un
faux système de Gouvernement, diriger l'esprit
des peuples vers la gloire des conquêtes ; sacrifier le commerce et l'industrie à la guerre ;
négliger la marine pour augmenter l'armée de
terre ; préparer des invasions sans assurer la
défense des frontières ; et se précipiter dans de
grands succès, en s'exposant à des revers plus
grands encore. On peut livrer les Provinces à
des administrateurs sans expérience, les Tribunaux à des Magistrats inappliqués, et les
places de Finance à des hommes perdus de
dettes et de luxe. En un mot, on peut également, par une activité inconsidérée, et par
une inexcusable insouciance, tarir les sources
de la prospérité publique, et amener la ruine
de l'Etat. C'est dans de semblables circonstances, que la vigilance des deux Chambres doit
s'alarmer, et qu'elles doivent scruter la con-
duite des Ministres (1). Il est vrai (dit un autre)
que le Roi seul est investi du droit de conduire
les négociations, et de conclure les traités de
paix et d'alliance. Ce droit lui appartient par
la force des choses. On ne peut pas plus l'en
priver, que de celui de diriger les armées. Mais

____

(1) Opinion de M. Faget de Baure, pag. 7 et 8.

*autre chose est la direction, autre chose est
la surveillance* (1).

Tous ces détails et d'autres encore que je pourrois rapporter, montrent les terribles extensions
dont est susceptible, par sa nature, l'article I du
projet de résolution. Il comprend dans son universalité absolue, non-seulement cette multitude
d'objets, énoncés dans les opinions des Députés ;
mais encore tous ceux que l'on peut imaginer. Il
soumet les agens du pouvoir royal à toutes les
accusations possibles.

Et cette multiplicité immense des chefs sur
lesquels ont fait porter la responsabilité des Ministres, n'est pas le seul vice du système de la résolution, développé par ceux qui l'avoient conçu.
Il en existe un danger plus grand encore ; c'est le
vague de cette multitude de points de culpabi-
lité. Ils sont exprimés, et ne peuvent pas l'être
autrement, en termes généraux, qui peuvent re-
cevoir toutes les interprétations, qui, non-seulement prêtent à l'arbitraire, mais qui le nécessi-
tent dans les jugemens. Ils sont indéfinis, et susceptibles de toutes les extensions. Ils portent sur
des faits qu'il est difficile, souvent impossible de
vérifier. Ils intéressent des points qu'il est quelquefois nécessaire de tenir sous le secret. Ils ren-
dent les Ministres comptables des revers militai-

____

(1) Opinion de M. de Lhorme , pag. 13.

res que la prudence humaine ne peut pas toujours empêcher. Ils les mettent en jugement pour
leurs choix, sur lesquels il est si facile aux Ministres les plus probes, aux accusateurs les plus
honnêtes, aux juges les plus intègres, d'être induits
en erreur. Ils font rechercher, non-seulement les
actions, mais les intentions, non-seulement les
intentions spéciales de chaque objet, mais l'esprit
général qui les dirige toutes.

Je crois bien, et je répète sincèrement ce que
j'ai dit au commencement de cet écrit, que l'ancienne Chambre des Députés, que la majorité
de ses Membres, que plusieurs même de ceux
dont je viens de citer les textes, n'ont pas eu l'intention d'étendre à la totalité de ces objets la responsabilité des Ministres. Mais enfin l'universalité de l'article I de la résolution les comprend
tous. Pouvons-nous espérer que les Députés qui
par la suite des années, ou dans le cours des siècles, viendront siéger dans la Chambre, seront
tous pénétrés des sentimens que nous voyons
éclater dans ceux d'aujourd'hui; qu'ils seront
constamment animés du véritable patriotisme,
attachés au Roi; zélés pour la nation; toujours
défenseurs de l'autorité des Ministres, jamais flat-
teurs de leurs opinions; également éloignés de
l'esprit adulateur, et de l'esprit frondeur? N'est-il
pas naturel de craindre que dans des temps de
dissention, de faction, de trouble, comme il en
survient quelquefois dans la durée des Monar-

chies, cette Chambre soit composée, ou au moins
dirigée par des ennemis de l'autorité royale? Si
l'article I de la résolution étoit passé en loi,
quelle arme puissante il donneroit à la malveillance, à la mauvaise foi, à l'ambition, à la cor-
ruption, à l'esprit de faction! Avec quelle force
des Députés habiles en intrigues, puissans en paroles, viendroient, la loi à la main, former des
accusations, réclamer la punition des Ministres
les plus vertueux; et cela pour les actes les plus
innocens, les plus justes, les plus utiles, les plus
nécessaires, pour satisfaire des animosités, as-
souvir des vengeances, parce qu'un Ministre leur
auroit fait des refus équitables, peut-être parce
qu'il auroit déjoué leurs criminels projets!

Il a été impossible de ne pas sentir les graves
inconvéniens d'un tel ordre de choses. On a re-
connu, qu'en admettant cette vague responsabilité, il seroit impossible de faire sur cet objet
une loi détaillée et précise, comme doivent l'être
les lois, et surtout les lois criminelles. On a en
conséquence imaginé de donner à la Chambre
des Pairs, pour le jugement des Ministres, un
pouvoir qu'on a appelé discrétionnaire; c'est-à-
dire le pouvoir de juger, non pas précisément
d'après une loi, mais d'après les raisons qu'elle
estimeroit suffisantes pour fonder un jugement;
et pour prononcer que tel acte, qui pourroit ne
pas être criminel dans d'autres circonstances, a
rendu le Ministre coupable, par le motif, par

l'intention, par l'esprit qui l'a dicté! Etrange jurisprudence, qui soumet à des jugemens arbitraires des citoyens! car enfin les Ministres le sont. Et ne peut-on pas même dire que ceux-là doivent, moins que les autres, être soumis au tribunal discrétionnaire, qui sont plus en but aux intrigues de cour et aux cabales de parti? Et la Chambre des Pairs elle-même, dans quelle pénible, dans quelle embarrassante position on la met? On l'oblige de juger, sans loi sur laquelle elle puisse appuyer son jugement, reposer sa conscience; sans loi qui lui déclare si, en point de droit, telle action est criminelle; si, en point de fait, le Ministre s'en est rendu coupable. Il seroit de sa sagesse, de sa dignité, de sa justice, de rejeter ce dangereux et funeste pouvoir, contraire aux lumières de la raison, comme aux premiers principes de l'équité naturelle.

Un autre énorme danger de l'article premier de la résolution, et de la responsabilité universelle des Ministres, est celui d'entraver l'Administration, par des dénonciations et des inculpations continuelles, qui feroient tomber les effets du préjugé ou de la passion. Plusieurs Membres de la Chambre des Députés ont senti ce grave inconvénient. J'aime à citer, à l'appui de mon opinion contre leur système, leurs propres paroles. *Il est indispensable que la loi n'ôte rien à cette indépendance, à cette liberté d'esprit, à ce pouvoir salutaire, à cette considération personnelle, à ce respect, à cette dignité enfin, que réclament l'entier exercice de leurs sévères et délicates fonctions (1). Ce n'est point une chose indifférente pour la sûreté de l'Etat, que de compromettre la réputation d'un Ministre. On peut réparer ce mal, au moins en partie, à l'égard d'un particulier. Mais, vis-à-vis d'un Ministre, une démarche inconsidérée n'est réparable, ni à son égard, ni à l'égard de l'intérêt public. Il reste une impression qui peut nuire aux meilleurs desseins (2). Les Ministres sont faits pour agir, pour embrasser d'une vue générale et continuelle, l'ensemble de leur Administration. Ce seroit les distraire sans nécessité, que de les tracasser sur une infinité de petites inadvertances inévitables dans leurs places, ou même quelquefois sur quelques torts réels. Il est presque impossible de faire le bien général, sans froisser quelques intérêts particuliers. Ce seroit une grande imprudence que de se livrer, sans le plus mûr examen, à des rapports souvent infidèles, à des apparences presque toujours trompeuses, et surtout, dans cette matière, de s'abandonner à cette indignation irréfléchie des âmes nobles, à ces mouvemens*

---

(1) Opinion de M. le Président Maurel, pag. 3.
(2) Seconde opinion de M. le Chevalier Challand, p. 5.

d'éloquence qui dénaturent les objets , et sont quelquefois capables de transporter les meilleurs esprits au - delà des bornes de la vérité et de la justice, des véritables intérêts de l'Etat (1). Je suis étonné que de ces principes si vrais et si sages , les hommes vertueux qui les ont posés n'ayent pas passé à la conséquence qui en résulte naturellement ; et qu'ils n'ayent pas senti le danger énorme et certain de transmettre à leurs successeurs un pouvoir dont l'abus seroit aussi facile et aussi funeste. Car enfin, je le répète, on ne peut pas espérer que les Chambres futures seront dans tous les temps animées d'un aussi bon esprit que celles-ci.

Deux considérations fortifient encore ce raisonnement, et font, de plus en plus, sentir le danger de l'article premier de la résolution et du pouvoir illimité qu'il donneroit aux Chambres, d'entraver la gestion des Ministres par des inculpations multipliées et étendues à tous les actes de leur Administration.

En premier lieu, ce droit de connoître , de censurer, d'accuser , de juger tous les actes de l'Administration, seroit un pouvoir attribué aux Chambres sur ces actes , et leur conféreroit un degré d'autorité sur la puissance administrative ,

____

(1) Opinion de M. Sedillez, pag. 30 et 31.

autorité qu'elles pourroient étendre à volonté,
par la terreur qu'elles inspireroient aux Ministres. Or, on ne peut pas se dissimuler cette vérité,
qu'il y a dans les corps, une tendance naturelle
et constante à agrandir leurs prérogatives et leur
pouvoir. L'expérience de toutes les assemblées,
même les plus sages, le démontre ; les hommes
les plus vertueux se laissent trop facilement en-
traîner à ce sentiment. Ils ne trouvent pas illégitime
d'adopter pour l'intérêt de leur corps ce qu'ils
ne se permettroient jamais pour leur intérêt per-
sonnel. Ce séduisant et dangereux esprit de corps
s'augmente encore par leurs communications mu-
tuelles, leurs esprits s'échauffent et s'électrisent
réciproquement, et ils finissent par prendre pour
l'amour du bien, le zèle pour l'honneur, l'avantage,
le pouvoir de leur compagnie. Cette vérité, au
reste, a été reconnue et présentée à la Chambre des
Députés par un de ses Orateurs. *On ne prétendra
pas sans doute* (dit-il), *que dans l'ordre or-
dinaire des choses, chacune des branches de
l'autorité administrative et législative, contente
du degré de pouvoir qui leur est réservé, de-
meurera tranquillement dans son orbite, sans
chercher à empiéter sur les droits de l'autorité
qui la balance ; cette espérance seroit absurde
et démentie par l'histoire de tous les peuples
et de tous les siècles. L'histoire nous dit au
contraire, qu'il y a dans les corps une ten-*

dance perpétuelle à l'agrandissement, et à l'envahissement des prérogatives qu'ils n'ont pas (1).

En second lieu, les envahissemens de l'Administration sont d'autant plus à craindre dans des corps qui auroient le droit d'en scruter et d'en juger les actes, que l'Administration est l'objet le plus tentant pour l'amour-propre, pour l'ambition, pour tous les genres de cupidité, même pour la bienfaisance, par les graces qu'elle met à portée de distribuer. Que ne devroit-on pas craindre de l'esprit de corps animé par un appât aussi flatteur ?

A ce danger d'entraver, de gêner, de contrarier le pouvoir administratif par des inculpations multipliées, on a proposé pour remède l'opinion publique. *Représentez-vous* (a dit un Orateur), *une assemblée dans laquelle on se feroit un jeu de tourmenter l'autorité ministérielle par des tracasseries sans nombre et sans objet; où leurs opérations les plus simples seroient constamment exposées à une critique amère; où on ne cesseroit jamais de les attaquer par l'injustice et la calomnie. Sans doute cette supposition est absurde; mais en l'admettant pour un instant, n'est-il pas indubitable que l'opinion publique ne tarderoit pas à frapper de réprobation les Représentans insensés qui garderoient*

______

(1) Opinion de M. Sedillez, pag. 4.

aussi peu de mesure dans l'exercice de leurs fonctions (1)?

Non, l'opinion publique ne peut pas être un remède à la facilité, à la probabilité des accusations injustes, résultante de l'article Ier de la résolution.

1°. L'opinion publique elle-même ne peut-elle pas être égarée? Ne le seroit-elle pas facilement par les Députés qui ont des relations dans tous les départemens, avec toutes les classes de la société; qui, étant plus connus que les Ministres dans les diverses parties de la Nation, auront sur eux toutes sortes d'avantage dans cette lutte d'opinion? ils l'auront d'autant plus facilement, d'autant plus certainement, qu'ils auront pour auxiliaires les diverses passions très-actives contre les Ministres; la malignité qui aime à les décrier, l'envie qui cherche à les attaquer, l'intrigue qui s'agite pour les supplanter, l'ambition qui travaille à les remplacer.

2°. Si l'opinion publique peut ramener la Chambre sur le compte des Ministres, elle peut plus sûrement encore éclairer le Roi sur leur sujet, et les inculper, ou les justifier auprès de lui. L'expérience en donne la preuve. Dans l'ancien régime, combien de Ministres ont été destitués, parce que l'opinion publique les accusoit! On en citeroit in-

____

(1) Opinion de M. de Lhorme, pag. 6 et 7.

finiment peu qui ayent tenu en place contre l'o-
pinion générale.

Il reste donc certain, d'une part, que l'opinion
publique a toujours été, et peut toujours être un
accusateur puissant auprès du trône, des prévarications, des torts, des erreurs, des négligences,
de l'incapacité des Ministres; mais que de l'autre
part, vis-à-vis des Chambres, l'opinion publique
ne peut pas être, comme on veut la faire, un dé-
fenseur des Ministres contre des accusations injustes.

Après avoir montré l'inconstitutionnalité et le
danger de l'article Ier de la résolution dont il s'a-
,git, je passe au IVe article de cette résolution.
Il a pour objet d'expliquer l'article LVI de la
Charte, lequel autorise la mise en accusation des
Ministres. Cet article IV de la résolution consiste
en trois paragraphes, les deux premiers expriment
effectivement avec assez d'exactitude des cas di-
vers de trahison, mais le troisième est ainsi conçu :
Un Ministre se rend coupable de trahison....
3°. Lorsque par des actes personnels, ou par
des ordres émanés de lui, ou contre-signés par
lui, il porte atteinte aux droits publics des
François, consacrés et définis par la Charte
constitutionnelle.

Le mot *trahison* a un sens très-vrai et très-
clair, quand on l'applique au Roi et à l'Etat.
Mais appliquer cette expression à d'autres genres
de délits, c'est lui donner une extension qu'elle

n'a pas en elle-même, et qu'on ne peut, sans de grands inconvéniens, lui attribuer.

La preuve de la facilité d'abuser de cette interprétation du mot *trahison*, je la trouve dans les discussions même qui ont précédé et préparé la rédaction de l'article; dans les opinions des Orateurs, dans les rapports des commissions de la Chambre.

Un Ministre se rend coupable de trahison; 2°. lorsqu'il signe un traité de paix, d'alliance, de commerce, ou tout autre traité contraire aux intérêts ou à l'honneur du peuple françois... 4°. lorsqu'il fait, ou ordonne quelque acte arbitraire et attentatoire à la liberté individuelle, à la liberté des cultes, à la liberté de la presse, aux autres droits publics des François, et à l'irrévocabilité des domaines nationaux. 5° Enfin, lorsqu'il fait ou ordonne quelque acte tendant au rétablissement du régime féodal, de la dixme (1).

Un Ministre se rend coupable de trahison; 3°. lorsqu'il fait, ordonne, ou contre-signe quelqu'acte tendant au rétablissement de la dixme ou du régime féodal; lorsqu'il fait, ordonne ou contre-signe quelqu'acte arbitraire et attentatoire au droit de propriété,

______

(1) Procès-verbal de la Chambre des Députés, du 26 août 1814.

à la liberté individuelle, à la liberté des cultes, à la liberté de la presse, aux autres droits publics des François, à l'irrévocabilité de la vente des domaines nationaux, ou à toute autre disposition de la Chárte constitutionnelle. 4°. Lorsque par l'effet de sa négligence à exécuter les lois ou les actes du Gouvernement, ou à prendre les mesures que son devoir lui prescrit, il compromet sciemment la sûreté de l'Etat ou la tranquillité publique (1).

Ils (les Ministres) sont coupables de trahison, lorsqu'ils signent ou contre-signent quelqu'ordre ou proclamation contre la sûreté extérieure ou intérieure de l'Etat, contre le Roi, ou la Famille royale, contre les dispositions de la Charte constitutcinnelle, ou attentatoire au droit public des François ; enfin, lorsqu'ils compromettent la sûreté ou la tranquillité de l'État (2).

Lorsque le pouvoir confié au Ministre, pour conserver et défendre l'Etat, la constitution, et les droits des particuliers, est employé par lui à les attaquer et à les détruire, il y a un

---

(1) Rapport de la Commission centrale, du 5 octobre, pag. 32.

(2) Opinion de M. Challan, projet de loi, art. IV.

abus de confiance que les lois caractérisent de trahison (1).

Tel a été l'avis de votre dernière commission, qu'on peut classer sous le titre de trahison, tous les faits qui caractérisent une violation des droits publics des François, définis par le titre premier de la Charte constitutionnelle. Ainsi, les attentats portés à la liberté individuelle, à la liberté des cultes, ou de la presse, aux propriétés de toute espèce, à l'égalité politique des citoyens, etc., tous ces délits, quoique d'un ordre secondaire ou inférieur à la haute trahison, peuvent faire la matière d'une accusation de la part de la Chambre (2).

A ces citations, je pourrois ajouter plusieurs autres, toutes dans le même esprit, toutes tendantes à comprendre dans l'idée de *trahisons* des choses qui n'en sont point, des choses qu'il est souverainement dangereux de regarder comme telles, pour en faire des sujets d'accusation.

Si quelque notion doit être définie d'une manière claire et précise, c'est celle d'un crime, surtout lorsqu'il s'agit de sa punition. Or, qu'y-a-t-il de plus vague que plusieurs des définitions qui sont présentées de la trahison. Elle a lieu

---

(1) Rapport de M. Faget de Baure, pag. 8.
(2) Opinion de M. le chevalier Verneilh-Puiraseau, p. 3.

dans la négligence à exécuter les lois, ou les actes du Gouvernement, à prendre les mesures que le devoir prescrit. Elle a lieu lors qu'un Ministre compromet sciemment la sûreté ou la tranquillité de l'Etat. Il faudra donc que les accusateurs connoissent, que les juges prononcent, non-seulement si les mesures quelconques ont été mauvaises, mais si elles ont été prises par négligence, si elles l'ont été sciemment. Comment les hommes honnêtes qui ont proposé et publié ces principes n'ont-ils pas été frappés, effrayés des conséquences que l'on pourroit en tirer, et qui en résultent naturellement? Comment n'ont-ils pas prévu le parti que, de ces notions ainsi indéfinies, les diverses passions toujours déchaînées contre les Ministres, pourroient tirer par la suite? Comment n'ont-ils pas senti l'énorme danger d'entraver, de contrarier, d'effrayer un Ministère, qui doit toujours marcher avec activité, avec fermeté, avec courage ?

On met au rang des trahisons soumises à l'accusation et au jugement des Chambres, les traités et alliances contraires aux intérêts ou à l'honneur de la France. Cette assertion, d'abord est en contradiction avec l'article XIV de la Charte, par lequel le Roi s'est réservé exclusivement le pouvoir de faire les traités de paix, d'alliance et de commerce. Ensuite elle pèche en ce qu'elle introduit les Chambres dans le secret des négociations qui doivent toujours rester inconnues.

Elle les constitue juges des avantages ou des inconvéniens présens et futurs de tel traité, de
telle alliance : ce qui tient quelquefois à des circonstances dont le secret est d'une haute importance.

On appelle trahison tous les actes que peuvent
faire, tous les ordres que peuvent donner les Ministres contre les droits publics des François, définis
par la Charte, et en général toute infraction des
dispositions de la Charte. C'est encore là une application très-fausse et une extension très-dangereuse du mot trahison. Les torts que peuvent
faire les Ministres à des particuliers dans leur
liberté, dans leurs biens, dans leurs autres droits,
établis par la Constitution, n'intéressent pas par
eux-mêmes la sûreté, la tranquillité de l'ordre
public. Ils ne peuvent donc pas être qualifiés de
trahison. Ces crimes ne seroient pas des trahisons,
s'ils étoient commis par d'autres que par des Ministres. Comment le deviennent-ils, quand ce
sont des Ministres qui les commettent ?

D'ailleurs ces droits publics des François, consacrés par la Charte, sont des droits individuels,
que chacun peut réclamer devant les tribunaux
ordinaires. Il en est à cet égard des Ministres comme
des autres citoyens. Il en est de la loi constitutionnelle comme des autres lois. Tout homme lézé
dans ses droits quelconques, et par qui que ce
soit, peut poursuivre en justice les réparations
qui lui sont dues. Les Ministres seroient donc,

pour ce genre de délits, justiciables à-la-fois de deux tribunaux différens : ce qui est contre tout principe.

Dira-t-on qu'il faut distinguer les délits que les Ministres peuvent commettre comme particuliers, de ceux qu'ils peuvent commettre comme Ministres; c'est-à-dire dans leurs actes ministériels. Je ne vois pas le motif de cette différence. Je ne vois pas quelle loi interdit le recours aux tribunaux à l'homme attaqué dans un de ses droits par un acte ministériel. Au reste, si on le juge utile, que le Roi, par une loi, autorise le particulier qui aura à se plaindre d'un ordre signé de Sa Majesté et contre-signé par son ministère, à réclamer devant les tribunaux la réparation, il n'y aura en cela rien que de juste et de sage. Cette mesure n'aura pas l'inconvénient de transporter à la Chambre des Députés l'accusation qui appartient à l'individu lézé, de conférer à cette Chambre un droit d'accusation que l'article LVI de la Charte lui interdit; de soumettre aux deux Chambres législatives les actes du pouvoir administratif; d'embarrasser l'administration des Ministres par des inculpations ou par des craintes continuelles d'inculpation. Pour justifier l'application du mot trahison aux torts faits à des individus, on a dit que, par ces actes coupables, les Ministres trahissent la loi. Mais je voudrois qu'on me fît entendre ce que c'est que trahir une loi. On n'a jamais imaginé que, soit le particulier qui enfreint une loi , soit le juge qui prononce un arrêt contraire à la loi , trahissent la loi.

On distingue, entre les grandes trahisons et celles d'un ordre inférieur. Cette distinction est juste appliquée aux trahisons contre le Roi ou l'Etat. Elles peuvent avoir différens degrés de grièveté. Mais faire des grandes trahisons , celles contre le Roi ou la Patrie, et des petites les infractions de la Charte, nuisibles à des particuliers , c'est dénaturer l'idée de trahison , c'est l'étendre à des objets qui y sont étrangers : c'est ouvrir la porte aux abus qu'on pourroit faire de ce terrible mot. Songeons que ce fut le prétexte de trahison qui conduisit à la mort Phocion dans Athènes, Strafford à Londres.

Je crois avoir montré par de solides raisons combien est inconstitutionnel et dangereux le système des articles I et IV de la résolution de l'ancienne Chambre des Députés, système qui soumet à la responsabilité envers les Chambres les Ministres pour tous les actes de leur administration. Il me reste à examiner les raisons sur lesquelles on établit cette responsabilité universelle.

La première , la plus importante , celle qui est le principe et le motif de toute cette controverse, est l'abus que les Ministres peuvent faire de l'immense pouvoir qui leur est confié. On étale les funestes effets qui peuvent résulter de la négligence , de l'ignorance, de l'incapacité, de la malveillance, de la prévarication des Ministres. Je ne rapporterai qu'un seul trait des nombreux discours tenus à la tribune sur ce danger. *Quoi ! la résistance obstinée d'un Ministre aux lois et aux actes du Gouvernement, la malveillance avec laquelle il aura négligé de prendre les mesures que le repos, ou le salut de l'Etat exigent, ne recevront d'autre châtiment que celui que peut leur réserver le résultat éventuel de sa trahison ! Quoi ! vous seriez témoins de sa désobéissance, et du danger auquel il exposeroit la patrie : et vous ne pourriez, ni le traduire en jugement, ni provoquer sur lui l'application des peines* (1) *!*

Que des Ministres puissent mal employer l'autorité qui leur est confiée, qu'ils puissent en faire un criminel usage, cela est de toute certitude. Que ces abus et ces crimes doivent être réprimés et punis selon leur griéveté, cela est de toute justice. Tous les éloquens discours que l'on a pu et que l'on pourra faire sur cette matière ne prouveront que ce qui est convenu. Le point de la question, dont il ne faut pas s'écarter, consiste à savoir si c'est au Roi, ou si c'est aux Chambres législatives qu'appartient la répression et la punition de ces délits. L'existence d'un crime n'est pas un titre de compétence aux Chambres pour le poursuivre et le juger. Si on admettoit cette jurisprudence, les.

---

(1) Discours de M. Farez, le 18 octobre 1814, pag. 36.

Chambres pourroient se constituer juges de tous les crimes de quelque ordre, et de quelque nature qu'ils fussent. Elles s'arrogeroient le pouvoir judiciaire, qui est absolument hors de leurs attributions. En se réservant exclusivement la totalité du pouvoir administratif, le Roi s'est réservé de connoître et de juger la manière dont gèrent sous son nom, par son autorité, d'après ses ordres, ceux à qui il en confie quelques portions. En interdisant aux Chambres d'accuser des Ministres sur d'autres points que sur la trahison ou sur la concussion, il a formellement restreint à ces deux seuls crimes leur pouvoir d'accuser et de juger ses Ministres. L'extension qu'on voudroit donner à la Charte sur ce sujet, seroit une véritable infraction de la Charte. Ce seroit un abus plus dangereux, plus funeste, que ceux dont les Ministres peuvent se rendre coupables. Ce seroit, non-seulement un envahissement particulier de pouvoir, mais l'interversion de l'ordre établi par la Charte dans la société politique.

On ne parle que de l'abus que peuvent faire de leur pouvoir les Ministres, et l'on ne considère pas les abus bien autrement dangereux que pourroient faire les Chambres, du pouvoir qu'elles s'arrogeroient d'attaquer les Ministres sur la totalité de leur administration, et de leur en faire rendre compte. Qu'étoient les prévarications tant reprochées aux Ministres, auprès des désastres qu'ont entraînés les usurpations des réelles ou prétendues représentations nationales. Sans remonter à des temps éloignés, pensons aux affreux malheurs dont nous avons été témoins, et dont beaucoup d'entre nous ont été victimes, ils ont eu pour cause cet envahissement de l'administration, qui a commencé et préparé tous les crimes de la révolution.

Une autre raison a été proposée pour soumettre à la responsabilité envers les Chambres les Ministres, sur la totalité des actes de leur administration. Si la poursuite et le jugement d'un Ministre coupable est renvoyé à l'Autorité exécutive, il est permis de craindre que l'accusé devienne en définitif juge de sa propre cause, ce sera aux Ministres du Roi que sera renvoyée la punition d'un Ministre du Roi. Ce mode de procéder répugne aux plus simples notions politiques (1).

Si je demande à ceux qui présentent ce raisonnement ce qu'est donc, dans leurs idées, le Roi, regardé jusqu'à eux comme le maître suprême et le juge essentiel de ses ministres, on me répond : *Le Roi, comme la royauté, devient pour ainsi dire un être moral et méthaphysique qui ne peut être atteint et saisi que par la pensée* (2). Je rapporte ces paroles, parce qu'elles expriment le fondement du système qui, pour faire passer aux Chambres l'autorité administra-

---

(1) Opinion de M. de Lhorme, pag. 17.
(2) Opinion de M. Fleury, pag. 2.

tive , enlève à la personne du Roi l'administration , et la fait passer dans les Ministres. Ainsi se concilie le principe que le Roi est inviolable , et que les Ministres sont responsables. Le Roi est inviolable, parce qu'il ne fait rien et ne peut rien. Les Ministres sont responsables , puisque leur inviolabilité n'est pas prononcée. Le Roi , d'après ces idées , est sur son trône , ce qu'étoient sur leurs autels ces vaines et magnifiques idoles entourées de respects et d'hommages , mais qui avoient des yeux sans voir, des oreilles sans entendre , des mains sans toucher. Dangereux et funeste systême , aussi injurieux à la majesté qu'attentatoire à l'autorité royale. Nous tenons au contraire , comme principe immémorial et essentiel de notre monarchie , que c'est le Roi qui agit dans ses Ministres , et par ses Ministres. Ils ne sont que ses organes et ses instrumens. Ils lui donnent des conseils , mais c'est lui , et lui même , qui forme les décisions. Comme ce sont ses ordres qu'ils exécutent, c'est lui , et lui-même , qui juge la manière dont ils les exécutent. C'est lui , et lui-même , qui , sur les plaintes qui lui sont portées de ses ministres , statue si elles sont ou ne sont pas raisonnables ; lui , et lui-même , qui , s'il les juge fondées , prononce de quelle nature , et de quel degré , sont les torts et les fautes des Ministres ; qui décide s'ils provoquent une simple réprimande , s'ils méritent la destitution, s'ils exigent la mise en jugement. La difficulté proposée , en faisant les Ministres juges de leurs prévarications, fait disparoître le Roi de son conseil, et de la monarchie, ou plutôt elle fait disparoître la monarchie elle-même, et la remplace par une république que régissent trois corps, dont le premier est assujetti aux deux autres ; un conseil de Ministres, une Chambre de Pairs, une Chambre de Députés.

On insistera peut être, en disant qu'au moins les Ministres pourront facilement, par leurs intrigues, par leur faveur, par l'amitié qu'ils auront inspirée au Roi, lui dissimuler leurs prévarications, et empêcher qu'il en soit instruit.

Les Ministres sont des hommes, et il peut s'en trouver qui, trompeurs adroits, fassent illusion à leur maître. Les Rois sont hommes, et susceptibles d'être trompés. Ce sont des maux attachés à l'humanité, et il est nécessaire de s'abonner à quelques-uns, puisqu'enfin on est gouverné par des hommes. Mais quelle différence entre l'inconvénient de l'erreur, ou de l'ignorance, dans laquelle un Ministre aura pu retenir le Roi, et les dangers que je viens d'exposer du droit que se donneroient les Chambres d'attaquer tous les Ministres sur tous les actes de leur administration ! Croit-on d'ailleurs que les Ministres manqueront jamais d'envieux, de rivaux, d'ennemis, empressés de révéler au Monarque leurs prévarications ?

Je résume en peu de mots ce que je viens d'exposer.

Ce n'est point par des idées métaphysiques de prétendus droits nationaux que doit se décider la question de la responsabilité des Ministres : c'est par la Charte donnée par le Roi, laquelle est la Constitution actuelle de la France.

L'article premier de la résolution de l'ancienne Chambre des Députés, lequel assujettit les Ministres à la responsabilité envers les Chambres pour tous les actes de leur administration, est inconstitutionnel dans son principe, dangereux dans ses effets.

Il est inconstitutionnel dans son principe :

1°. Parce que le Roi s'étant, par l'article XIII de sa Charte, réservé exclusivement le pouvoir administratif, s'est par-là, même réservé l'autorité exclusive de connoître et de juger la manière dont il est exercé.

2°. Parce que l'article LVI de la Charte, restreint strictement, aux seuls faits de trahison ou de concussion, le pouvoir accordé à la Chambre des Députés d'accuser les Ministres, et lui interdit formellement l'accusation sur tout autre chef.

En vain a-t-on dit que la proposition, *les Ministres sont responsables*, est universelle, et sans exception.

Cette proposition n'est pas universelle. D'abord, dans son énoncé, elle n'est qu'indéfinie ; ensuite elle est positivement définie par les dispositions précitées de la Charte, qui en déterminent le sens, et en fixent l'étendue.

Ce même article premier de la résolution est dangereux.

1°. Par l'immense multiplicité des objets sur lesquels on fait porter la responsabilité.

2°. Par le vague de ces objets, par l'inconvénient de les faire connoître, par l'impossibilité de les constater.

3°. Parce qu'il entraveroit l'Administration, et ôteroit aux Ministres, l'activité, la sûreté, la fermeté, nécessaires à leurs fonctions.

Le troisième alinéa de l'article XIV, de la résolution, est aussi souverainement dangereux.

En ce que la notion du mot *trahison* est dénaturée.

En ce qu'il est étendu à des objets de l'ordre général, qui ne sont pas du ressort des Chambres.

En ce qu'il est appliqué à des délits envers les particuliers, qui ne sont pas des trahisons.

On objecte les abus criminels que les Ministres peuvent faire de leur pouvoir.

1°. L'existence d'un crime, n'est pas pour les Chambres législatives, un titre à en connoître.

2°. Les abus que les Chambres pourroient faire quelque jour du pouvoir d'accuser et de juger les Ministres, sur tous les actes d'Administration, seroient plus graves, plus dangereux, plus funestes, plus irremédiables, que les abus dont les Ministres peuvent se rendre coupables.

On objecte encore que, renvoyer au pouvoir

exécutif, les causes des Ministres, c'est rendre les Ministres juges de leur propre cause.

Cette objection est injurieuse à la Majesté, et attentatoire à l'autorité du Roi, qui seul, et par lui-même, donne ses ordres, et est juge de la manière dont ils sont exécutés.

FIN.

DE L'IMPRIMERIE DE D'HAUTEL,
rue de la Harpe, No. 80.

www.ingramcontent.com/pod-product-compliance
Lightning Source LLC
Chambersburg PA
CBHW051326060726

47596CB00004B/1487